本册编委会

主　编：白勇军　李跃卓

副主编：史克锋　戴进业　高　峰　郭　毅

编　委（以姓名笔画为序）：

马清温　王　丹　史克锋　白勇军　李亚鹏　李志超　李承森

李跃卓　肖　方　陈江海　徐　康　高　峰　郭　毅　戴进业

引 言

三亚地处北纬18°附近,是海南岛最南端的热带海滨城市。大自然赐予三亚碧海蓝天、峰峦叠翠、奇石古木、绚丽风光。这里空气中的负氧离子含量极高,空气优质,堪称全国第一。自古以来,三亚就是福寿圣地、长寿之乡,百岁寿星数量位居全国之首。三亚有"天涯何处不奇观"的美称,可谓名副其实!在地球沧桑巨变和生命演化的长河里,人类来自大自然,生活在大自然里,与大自然融合为一体,体现了"天人合一"的思想。作为大自然之子,人类要道法自然,即遵循生命演化规律,保护好作为生命载体的大自然,人类才可能与山河同在,与日月相伴,世世代代繁衍生息。在三亚,我们要享受热带海滨美景,游览南山名胜古迹,揣摩巨大花岗岩上的古代文人的诗词墨迹,品味自然博物馆中生命演化的史诗,学习尊重大自然、热爱大自然和保护大自然的宝贵知识。

本册将带您欣赏热带海滨景观,了解养生文化与石文化,探秘生命演化过程。

概　要

第一节　热带海滨景观 / 5

第二节　养生文化 / 32

第三节　生命演化 / 48

天涯海角的热带海滨

三亚别称崖州、鹿城，又被誉为"东方夏威夷"，是一座美丽的热带滨海城市。三亚（北纬18°09′至18°37′、东经108°56′至109°48′）地处海南岛最南端，地势自北向南缓斜，三面环山，山峦叠嶂；南临大海，海阔天空。三亚的陆地面积约为1921平方公里，境内海岸线长263.29公里，辖大东海湾、亚龙湾、三亚湾、海棠湾、崖州湾、月亮湾等海湾。三亚位于热带海洋季风气候区，年平均气温为25.7℃，年均降水量为1350毫米。

三亚河古名临川水，由六罗水、水蛟溪、半岭水三条河组成，以六罗水为主流。三亚河流注入三亚湾而入海。河流在靠近入海口处分成东河与西河，呈现出一个"丫"字形。由此形而命名该河为"三丫河"；"丫"与"亚"同音，故转名为三亚河，是三亚市的"母亲河"。三亚历史悠久，早在秦始皇设置的南方三郡的象郡中就有崖州。明代《正德琼台志》中已有"三亚村""三亚里"的记载。考古学家在三亚落笔洞发现了旧石器时代人类活动的遗迹，即古老的"三亚人"。自古以来，因远离帝京，孤悬海外，三亚又被称作"天涯海角"。

情侣椰子树

天涯海角景区

第一节

热带海滨景观

【关键词】 热带　海滨　岩石　景观
【知识点】 气生根　板根　绞杀　花岗岩球状风化

研学地点

天涯海角游览区
大小洞天风景区

夕阳下的三亚海滩

大小洞天风景区近岸的灯塔

第六册　热带海滨与养生文化

研学背景

天涯海角游览区位于三亚湾度假区，以其特有的南海之滨热带绚丽的自然风光而成为海南岛的一张名片。大小洞天风景区位于崖州湾，背依翠绿山峦，面朝碧蓝海水，海景山色相得益彰。天涯海角与大小洞天之间是佛教圣地南山寺。三者沿着秀丽的海滨彼此交相呼应，将青山、沙滩、海浪融为一体，为青少年提供了探究热带海滨植物、动物和生态环境的新天地。

三亚的植物资源丰富，有各种植物1800多种，如木麻黄、榄仁树、凤凰木等高大乔木，鸡蛋花等茂密的灌木丛，艳吐芳香的奇花异草。三亚栖息有鸟类300多种，陆生动物300多种，还有数不清的昆虫。海洋潮汐、海岸质地、阳光、温度、食物等各种自然条件影响着生活在海边和潮间带的各种生物，包括海里的海藻、鱼类、水母、珊瑚，沙滩上的蟹类、头足类、腹足类、瓣鳃类（贝类）等，种类繁多，有2400多种。三亚的市树为酸豆树，市花为红色三角梅，市鸟为白鹭。

天涯海角景区

三亚市的市花——三角梅

飞向海南

天涯海角广场

第6页

第六册 热带海滨与养生文化

花岗岩海岸

研学知识

1. 海滨地质

在三亚南海海滨长达数公里的海岸上耸立着千姿百态的岩礁群，怪石嶙峋，叠石云台，垒石枕海。这些岩石是怎么形成的呢？

早在中生代早期（距今2亿多年前），地球发生了强烈的地质构造运动，被称作印支运动和燕山运动，海南岛从深海抬升为陆地，地壳深部形成的花岗岩裸露到地面上，成为屹立在岸边的岩石卫士。亿万年来，花岗岩经受着自然风化作用，特别是潮汐作用，汹涌的海浪长年累月地撞击、冲刷、侵蚀、溶解着花岗岩，使其遭受到严重的破坏，被大自然"神工鬼斧"雕刻出海岸上神态各异的岩石造型。

第7页

球状风化后的花岗岩岩石

花岗岩

　　花岗岩（granite）是一种酸性火成岩，多呈现肉红色，主要成分是二氧化硅，占60%以上。矿物里有浅色的石英、钾长石、斜长石等，还有深色的黑云母和角闪石等。此外，花岗岩中还含有少量的磁铁矿、电气石、萤石、辉石。根据岩石成分的不同，还可以将花岗岩分成花岗闪长岩、正长岩、黑云母二长岩、花岗斑岩等。

　　海边的花岗岩体经历了地球多次构造运动的作用和影响，发育出很多断裂与裂隙。在后来的火山爆发过程中，地下岩浆向上运移形成深层花岗岩。有些岩浆沿着裂隙向上运移，穿插进早期形成的花岗岩中形成后期的岩石体，在地质学上叫作"侵入体"。站在岸边远远望去，侵入体犹如一条宽宽的黑色条带嵌入粉红色的花岗岩中，亿万年不离不弃，永远相伴。

花岗岩的岩石切片

飞向海南

第8页

第六册 热带海滨与养生文化

岩浆岩侵入体

形似玉兰花造型的花岗岩

侵入体

侵入体（intrusive body）在地质学上是指晚期的火成岩沿着地层裂缝侵入早期形成的岩体中，这种岩体可呈脉状、层状、镰状、瘤状、株状等。

"玉兰含苞"

"玉兰含苞"是一块椭圆形的花岗岩石，经地质运动的作用形成了X形的裂隙。在漫长的海蚀风化过程中，岩石依自身重力分裂成几瓣，形成恰似"玉兰含苞"的奇特造型，堪称世界上最大的石制"玉兰花"。"玉兰含苞"耸立在海边，静如处子，笑傲惊涛骇浪。在漫长的时空变化过程中，"玉兰含苞"积淀了天地之精华，承载了历代人文情感，经年累月地见证着沧海桑田的变迁。

第9页

链接 花岗岩球状风化

在地球的地质构造运动过程中,地下的岩石被抬升到地表,暴露在空气中。在风吹、日晒、雨淋的大自然营力作用下,岩石受到风化作用。岩石不同的角、棱和面承受风化的程度不同,结果也不一样。岩石角部受到三个方向的风化作用,岩石棱部受到两个方向的风化作用,而岩石面只受一个方向的风化作用,故角部缩减最快,棱部次之,面部较缓慢。最终,岩石经过风化作用逐渐形成浑圆的各种形状的球体。这种风化过程称为球状风化。球状风化在花岗岩分布地区比较常见。

花岗岩球状风化

海滩上球状风化的花岗岩

贝壳沙滩

花岗岩石在长期风化作用下，不断地崩塌形成不规则的砾石。砾石又在海浪的冲击和破坏作用下继续破碎，分解成碎石。碎石再经过海浪常年的磨损、搬运、再磨损而成为海滩上的细沙。与此同时，海水潮汐携带来的许多贝壳同样经历着大自然的风化作用，形成具有珍珠光泽的贝壳沙。矿物沙粒和贝壳沙粒共同形成柔软洁净的"贝壳沙滩"。在沙滩上，尤其是在高潮水退却后留在岸上的堆积里，人们能够寻找到细小的完整贝壳。

贝壳沙滩

沙滩上的石英、长石等碎石

沙滩上的花岗岩石块

海滩岩

海滩岩（beach rock）是指由贝壳碎屑与海沙或火山岩碎屑被海水中碳酸钙胶结成岩，主要成分是石英和长石，胶结物是含镁方解石和文石。岩石整体呈块状结构，最大的特点是含有大量贝壳类碎片，因此可以与其他岩石相区别。海滩岩是热带亚热带地区的滨海沉积岩，分布在海滩地带。海滩岩的成因与气候炎热干燥、海水蒸发、潮水侵入、大气淡水淋漓等多种作用紧密关联。海滩岩多形成于距今有1万来年的第四纪全新世，而距今6000年以来形成的海滩岩最多。南海海滨及西沙群岛正在形成海滩岩。

海滩岩与附着在上面的藤壶

第六册 热带海滨与养生文化

第11页

2. 海滨植物

绞杀榕

热带雨林里气温高、湿度大，适合生长的植物种类繁多、密度大，因此每种植物的生活空间狭小，对阳光和养分等资源的竞争激烈，相互制约，甚至出现类似动物的弱肉强食的现象。例如，植物的绞杀现象就是一种竞争形式。在竞争中，具有生长优势的植物能够生存下来，处于劣势的植物最终被淘汰。

绞杀榕（Ficus）的果实被鸟类取食后，种子会被排泄在其他树上。绞杀榕的种子会在其他树上发芽、生长，并长出许多起到呼吸作用的气生根。气生根现象在热带雨林中十分普遍。气生根缠绕在"主人"的茎干上，抢夺"寄主树"的养料和水分，或者垂吊而下，插入土壤。随着时间的推移，气生根逐渐增粗并分枝，形成网状结构，把"寄主树"的主干紧紧箍住。"寄主树"终因外部绞杀的压迫和内部养分的贫乏而死亡、腐烂。

绞杀过程包括三个阶段。在绞杀初期，绞杀植物的幼苗附生于"寄主树"上。在绞杀中期，绞杀植物通过长出网状气生根包围"寄主树"树干向下扩展延伸，直到根系伸入地下长成正常根系。在绞杀末期，绞杀植物形成完整根系后，能从土壤中吸收养分，并生长加快，网状根膨大并愈合为网状茎，"寄主树"则被绞杀致死。

因为热带暴风雨的摧毁力巨大，强风常常会把大树刮倒，所以生活在热带雨林里的榕树会长出三角形的、厚厚的板根，可以起到支撑巨大树干的作用。

植物的绞杀现象

板根

酸豆树

酸豆的花

酸豆的荚果

酸豆

酸豆（*Tamarindus indica*）也称罗望子、酸角、酸梅，是豆科酸豆属植物，属于热带植物。在北方超市有时也能见到出售酸角，但是北方地区几乎没有能够结出酸角的植物。酸豆树是常绿乔木，高度在10米以上。花呈黄色或杂有紫红色条纹，花瓣为倒卵形；花药为椭圆形，子房为圆柱形。酸角是酸豆树的果实，荚果，为长圆柱状，呈棕褐色，长为5～14厘米，直或弯拱，常不规则地缢缩；种子3～14颗，呈褐色，有光泽。

酸豆果肉味酸甜，既可以生食，也可以熟食，或加工成蜜饯及制成各种调味酱、泡菜，也可以做成饮料。种仁榨取的油可供食用。果实入药，为清凉缓下剂，有祛风和抗坏血病的功效。酸豆木材重而坚硬，纹理细致，可用于建筑、家具制造等领域。酸豆树干粗，树冠大，抗风力强，适于在海滨地区种植。酸豆原产于非洲，现在热带地区均有栽培。

旅人蕉的叶柄

旅人蕉的花序

金嘴蝎尾蕉

旅人蕉

旅人蕉

旅人蕉（Ravenala madagascariensis）又名扇芭蕉、旅人树、孔雀树，是芭蕉科旅人蕉属的草本植物。旅人蕉的树形别致，是极富热带风光的观赏植物。

树干像棕榈，一般高5～6米，最高可达20米。叶片为长圆形，似芭蕉叶，一般可长达3～4米，成2行排列于茎顶，像一把大折扇。花序腋生，蝎尾状聚伞花序，花序轴每边有佛焰苞5～6枚，佛焰苞内有5～12朵花；萼片为披针形；花瓣与萼片相似；雄蕊为线形，子房扁压，花柱柱头为纺锤状；蒴果开裂为3瓣；种子为肾形，具有碧蓝色、撕裂状假种皮。

旅人蕉原产于非洲马达加斯加岛，是马达加斯加的国树。旅人蕉是大型草本植物，巨大的叶子可遮阳挡雨，果实像香蕉，可食。芭蕉科还有许多蝎尾蕉属植物，如金嘴蝎尾蕉的花序为蝎尾状，长而下垂，花色艳丽，花形似鸟喙状。

吊灯树

吊灯树（*Kigelia africana*）也称吊瓜树、腊肠树，属于紫葳科吊灯树属的大树。奇数羽状复叶交互对生或轮生，小叶 7～9 枚。圆锥花序生于小枝顶端，花序轴下垂。花萼钟状。花冠呈橘黄色或褐红色。吊灯树的显著特征是从大树上垂下来的花序和果实。果为圆柱状，不开裂。种子多数，无翅，镶于木质的果肉内。原产热带非洲、马达加斯加。主要作为园林观赏树种，果肉可食，树皮入药可治皮肤病。

吊灯树的果实

吊灯树的花序

吊灯树

大花紫薇

大花紫薇（*Lagerstroemia speciosa*）也称百日红、大叶紫薇，属于千屈菜科紫薇属的乔木。叶为矩圆状、椭圆形或卵状椭圆形。顶生圆锥花序；花轴、花梗及花萼外面均被黄褐色糠秕状的密毡毛；花呈淡红色或紫色，花萼 6 裂，花瓣 6 枚，雄蕊多数；子房为球形。蒴果为球形至倒卵状矩圆形，种子多数。

大花紫薇具有大而美丽的花，常被栽培于庭院或作为行道树供观赏。树皮、叶和种子均可入药。大花紫薇木材坚硬，色红而亮，经济价值较高。我国有紫薇属植物约 18 种。北方常见绿化树种紫薇（*Lagerstroemia indica*）也称千日红、无皮树、痒痒树等。据说紫薇怕痒，轻轻动一下它的树皮或牵动它的一个枝条，整株植物都会颤动不止。

大花紫薇的果实

大花紫薇的花序

第六册 热带海滨与养生文化

第 15 页

3. 石树奇观

三亚海滨的岩石以花岗岩为主。花岗岩体量大，各部位的密度、硬度、节理存在差异。在长期海蚀风化过程中，岩石表面脱落崩裂不均匀，坚硬的部分保留下来。由于球状风化，花岗岩形成各种奇石形态。热带植物会在石缝中寻找生机，或者以其根部包裹石头。石树奇观一方面表现出石头与树木既相互依存又相互制约的妙趣横生的神奇关系；另一方面又显示出大自然中生命力的顽强。岩石与树木的奇特造型是大自然鬼斧神工的杰作。

树包石

榕树的气生根向下方生长进入土壤可以获得水分和养分。当气生根遇到阻挡它们伸展的大石头时，则贴着石头继续生长，久而久之，气生根将整块石头包裹起来，就形成了"树包石"的罕见奇特造型。

绝处逢生

铁肩担石

长方形的大石头向一侧倾斜，似乎会随时倒下。贴近大石头生长的榕树和酸豆树双双向上撑起石头，颇有一种"铁肩担道义"，不畏重压的精神。"铁肩担石"对面的巨石缝隙中有一棵铁线子树在夹缝中生存。随着时间的推移，树干越长越粗，石缝越撑越大，长成一派枝繁叶茂的景象，在艰难的环境里开辟出一片属于自己的天地。

铁肩担石

第六册 热带海滨与养生文化

绝处逢生

天涯小憩亭对面有一块石头，四周寸草不生，而石缝中却长出一棵亭亭玉立的铁线子树。这种石树奇观景象叫作"绝处逢生"。

石缝中的小树

仙人叠石

一块四周悬空、形状奇特的怪石依靠三个支点立在另一块较平整的大石头上，两者并不相连，在得到科学的解释之前，人们想象莫不是仙人搬来一块石头摆出如此造型，似为"仙人叠石"。其实，这是大自然风化和海浪不断冲击的结果。

仙人叠石

第17页

棕背伯劳

4. 动物

棕背伯劳

棕背伯劳（Lanius schach）别名海南鹛，是伯劳科伯劳属的一种中型鸣禽，是鸣禽中的猛禽，善于捕食昆虫，还能捕杀小鸟、蛙和啮齿类动物。棕背伯劳个头大，背呈棕红色；尾长，为圆形或楔形，羽呈黑色，外侧尾羽呈黄褐色。翅短圆，羽呈黑色，具有白色翼斑。额、头顶至后颈呈黑色或灰色，具有黑色贯眼纹。下体颏、喉呈白色，其余下体呈棕白色。喙粗壮、侧扁，先端具利钩和齿突；跗跖强健，趾具有钩爪。棕背伯劳栖息于低山丘陵和山地，在树上筑碗状巢，生活在亚洲各地，有11个亚种。

粉蝶

粉蝶（Pieridae）是鳞翅目中的大家族，约有1100种。常见粉蝶，有的翅呈白色，具有黑色斑点，有的翅呈黄色或橙色。在三亚海滨发现的粉蝶，翅多为白色，黄色次之，橙色最少，其中橙色最为美丽醒目。粉蝶体形中等，其翅的色泽有深浅之变，斑纹也有大小的差异。在气温偏高的环境里，翅面上的黑斑色深、显著，且翅的黄鳞色泽鲜艳；反之，在低温环境里生长的个体则黑斑少且斑形小或完全消失。

粉蝶

澳洲斑点水母

澳洲斑点水母（Phyllorhiza punctata）又名珍珠水母、水母仙子，属于钵水母纲根口水母目硝水母科。在大小洞天风景区沙滩上发现的澳洲斑点水母通体半透明，伞体呈半圆形，表面分布白色斑点，直径为50～60厘米。澳洲斑点水母的体内有共生藻类，可以通过光合作用产生营养物质补充自身能量，同时以浮游生物、海月水母或海底虾蟹为食。澳洲斑点水母生活在西南太平洋海域中，夏季在海南岛沿岸看见它在海洋里漂移，时而浮在海面，时而沉于海底。因其体态漂亮，也被称作最美水母。

澳洲斑点水母腹面

棕色霞水母

棕色霞水母（Cyanea ferruginea）属于钵水母纲旗口水母目霞水母科霞水母属。伞体呈棕褐色，表面光滑，没有刺胞颗粒，直径在50厘米以上，生活在北太平洋温带海域，夏季出现在南海海滨一带。

棕色霞水母腹面

腹足类（螺类）动物

腹足类动物（Gastropods）属于软体动物，通常被称为螺类。腹足类包括前鳃类的圆田螺、鲍鱼，后鳃类的壳蛞蝓、海牛，以及肺螺类的蜗牛等。腹足类在地球上已经生存了5亿年，现在广泛分布在水陆的很多地方。

腹足类（螺）的身体明显分头、足、内脏囊三部分。头部极发达，有眼及触角，口中有齿舌。腹部有肥厚而宽大的足伸出，故称腹足。足的作用是爬行、游泳或附着在海底。内脏囊在生长期间经过旋转，使两侧发育不平衡，造成身体左右不对称。腹足类的水生类群用鳃呼吸，陆生类群通过外套膜表面呼吸，类似肺的功能。雌雄同体或异体，卵生。

海滩上的腹足类贝壳

腹足类具有保护身体的外壳。外壳多呈塔形、锥形、螺旋形，不对称，壳有螺纹数层，最后一环较大，称体环或末螺环，容纳头部及足部，其余环统称螺环。螺塔顶端为腹足类壳顶，是螺胎之处，腹方开口处为壳口。螺壳分内、中、外三层。外层表面是彩色角质层，常饰有纹、棱、瘤、刺等花纹；中层很薄，由文石组成；内层保护柔软的肉体。有的螺在足的后端长出角质或钙质的盖，当遇到外来侵扰时，能够立即缩回肉体，用盖当门盖住壳口，以保护自己。

根据旋转特点，螺壳分为右旋壳和左旋壳两类。区分方法是将壳顶向上，壳口面向观察者，壳口位于右方者为右旋壳，反之则为左旋壳。一般右旋壳多，左旋壳少。

海螺

海螺（*Busycon canaliculatu*）属于海生腹足类。海螺的贝壳大而坚厚，贝壳的边缘轮廓略呈四方形，壳平均高10厘米，螺层6级。贝壳呈灰黄色或褐色，其上排列有整齐的螺肋和细沟，壳口宽大，壳内面光滑呈杏红色或灰黄色，有珍珠光泽。海螺壳是来自外套膜的含碳酸钙的分泌物，成长中的螺类肉体逐渐长大，外套膜被推着向外移，分泌物就从壳口外唇及壳轴一直叠上去，于是螺壳就沿着螺旋方向长大。海螺主要生活在低潮带，活动较慢，常以海藻及微小生物为食。

海螺的贝壳

飞向海南

第20页

福寿螺

福寿螺（*Pomacea canaliculata*）属于瓶螺科瓶螺属软体动物。福寿螺的外观近似田螺，螺壳呈螺旋状，多为褐色，有光泽和若干条细纵纹。福寿螺爬行时伸出头部和腹足。头上有 2 对触角，分为前触角与后触角，后触角的基部外侧有一只眼睛。福寿螺雌雄异体。福寿螺为淡水螺，以浮萍、蔬菜等植物为食，分布于北美洲、亚洲、非洲等地，是一种外来入侵生物。福寿螺和田螺在外形、繁殖与食性等方面存在差异。福寿螺的螺壳顶部为螺旋状，具有 2 对触角；田螺的螺壳顶部为圆柱状，多为黄绿色或黄褐色。福寿螺在体内受精，属于卵生动物，而田螺则是卵胎生动物。福寿螺偏爱甜味食物和动物腐肉，田螺喜欢水生植物嫩茎叶及有机物质的碎屑等。

第六册 热带海滨与养生文化

👆 福寿螺的贝壳

👆 蜘蛛螺的贝壳

👆 红螺的贝壳

👆 安倍红蜗牛的贝壳

👆 芋螺的贝壳

第 21 页

鲍鱼

鲍鱼（Abalone）不是鱼，属于单壳软体动物中的原始海洋贝类。鲍鱼的形状像人的耳朵，故又称"海耳"。鲍鱼被覆石灰质的右旋螺形贝壳。贝壳表面呈深绿褐色，壳内侧为紫、绿、白等珍珠色彩。鲍鱼贝壳上有从壳顶向腹面逐渐增大的一列螺旋状排列的突起。鲍鱼有一个宽而大的扁椭圆形肉足，依靠这个足吸附于岩石上或爬行于礁石缝隙和穴洞中。鲍鱼头部发达，两个触角伸展时很细很长。头部腹面有向前伸出的吻。口内齿舌带上的小齿数目极多，有利于寻找食物。

鲍鱼

瓣鳃类（贝类）动物

瓣鳃类（Lamellibranchia）动物属于软体动物，具有两片套膜及两片贝壳，又称为双壳类；因其头部消失，故被称为无头类；足呈斧状，也称为斧足类；因为它的瓣状鳃，多称为瓣鳃类动物。瓣鳃类动物的体形侧扁，外壳具有两片贝壳，两侧对称，在骨肉交合部由一个或两个横形的肌柱（闭壳肌）将两片贝壳联合起来，身体躯干就长在交合部之上。瓣鳃类动物的头部退化消失，无触角和眼，也无齿舌和颚片；有胃、肝、肠等，心脏具有一个心室、两个心耳，开口于外套腔内；雌雄异体；在身体腹面有侧扁而呈斧状的足；在体躯外套膜腔内有瓣状的鳃。瓣鳃类动物通过鳃过滤浮游生物，利用肌肉收缩摄取食物。瓣鳃类动物运动时采用爬行或跳跃的方式，或者是用双壳开与闭的力量向腹部方向喷射水流而前进。瓣鳃类动物在泥水中或固着在礁石上生活。

海滩上的瓣鳃类贝类

瓣鳃类斧状足

飞向海南

第22页

高贵海扇蛤

高贵海扇蛤（Mimachlamys nobilis）是扇贝科扇贝属的一种贝类，属于热带、亚热带贝类。它的贝壳大，外形似扇，近圆形，壳高 7～10 厘米，壳高略大于壳长。两壳大小相等，左壳比右壳稍凸。背壳缘直，壳顶前方和后方具有壳耳，两耳不等，前耳大，后耳小，两耳均呈三角形。左壳上有放射肋约 10 条，右壳有放射肋约 20 条。肋上具有翘起的小鳞片。壳面呈浅紫褐、淡红、黄褐或枣红色。贝壳内面呈白色，有与壳面相当的放射纹和肋间沟。铰合部分直，后闭壳肌巨大，内韧带发达。高贵海扇蛤以足丝附着在低潮带以下至浅海的岩礁、碎石块及沙砾上，营固着生活，以硅藻、双鞭毛藻和桡足类等浮游生物为食。

扇贝表面放射纹和肋间沟

鸡腿贝

华贵栉孔扇贝

翡翠贝

波纹巴非蛤

海滩岩石上的砗磲

第六册 热带海滨与养生文化

第23页

"大海之子"——美丽的珍珠

"珍珠"的英文是 pearl，由拉丁文 pernulo 演变而来。珍珠另外的英文是 margarite，由古代波斯梵语衍生而来，意为"大海之子"。在中国，珍珠又被称为真朱、真珠、蚌珠、珠子、濂珠等。珍珠属于有机宝石，产于珍珠贝类和珠母贝类等软体动物体内，是贝类通过内分泌作用产生的碳酸钙珠粒。珠粒是由大量微小的文石晶体集合而成的。珍珠晶莹瑰丽、光彩夺目、典雅高贵，是纯洁、富有与幸福的象征。

砂或很小的虫体等物质进入生活在海水中的贝类体内的套膜里面，异物的持续刺激促使套膜的上皮细胞不断发育和增生，围绕着小颗粒逐渐生长成为珍珠。天然珍珠的形状各异，典型的是圆形和梨形，直径为1～6毫米。珍珠的颜色多样，有白色、粉红色、淡黄色、淡绿色、淡蓝色、黑色等，以白色为主。珍珠的无机成分主要是碳酸钙、碳酸镁，占91%以上，有机成分有17种氨基酸，此外还有30多种微量元素等。

珍珠不仅是上好的装饰品，也是医药用品。由于需求量大，现已有海水和淡水养殖。人工养殖的珍珠与天然珍珠形成过程大致相同。人工撬开蚌壳，将珍珠母核放入壳内外套膜上，刺激上皮细胞增生为珍珠。贝类生活在海水或淡水中，3～5年后取珍珠。珍珠需要远离汗渍和酸性物质，因为珍珠的主要成分是碳酸钙，遇到酸就会因发生化学反应而被溶解掉。

珍珠饰品

贝壳内的珍珠

> **链接** 砗磲类
>
> 砗磲（Tridacnidae sp.）是海洋中最大的双壳类动物，被称为"贝王"。最大的砗磲体长可超过1米，重量超过300千克。砗磲呈长三角形，两壳大小相当，壳厚重；壳表面形成弯曲重叠的皱褶，壳缘呈波浪状起伏；壳面呈白色或灰色，内壳洁白，富有光泽，白皙如玉；壳表面有数条类似车轮碾压的沟道；壳内外韧带通常有一大的足丝孔，铰合部狭长，两壳都有一主齿和1~2个后侧齿；外套膜大，具有5条粗大的覆瓦状放射肋。库氏砗磲贝是我国一级国家保护海洋生物。全部砗磲贝是世界二级保护动物。

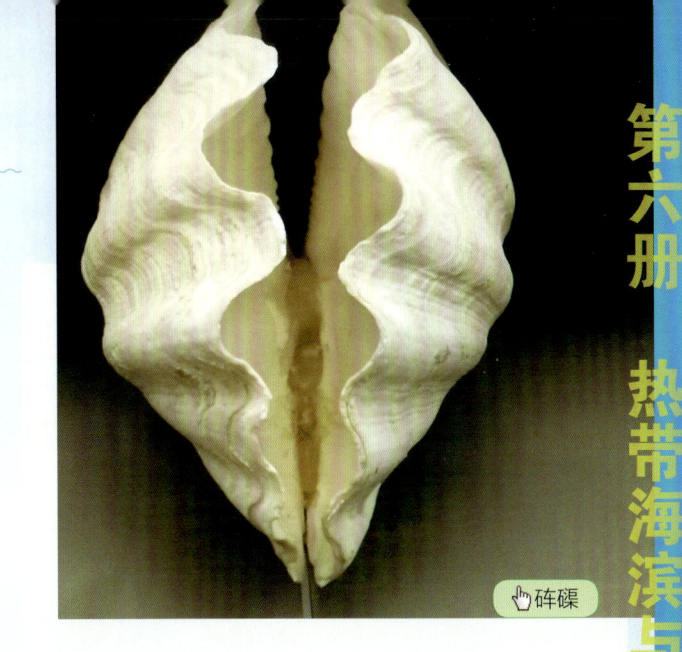

☝砗磲

珊瑚虫

珊瑚虫（Anthozoa）是腔肠动物门珊瑚虫纲中多种生物的统称。珊瑚虫纲又分为八放珊瑚亚纲及六放珊瑚亚纲，均为海产。珊瑚虫身体微小，多群居，结合成一个圆筒状身体，下端附着在海底岩石上，顶端有口，围以一圈或多圈触手。触手是用来捕获海洋中的微小生物的。珊瑚虫生活在赤道及其附近的热带、亚热带地区。在海水深40~50米、水温22~30℃的平静清澈的海底岩礁、崖岩和石缝中都有固着生长的珊瑚虫。

根据触手数量不同，珊瑚分为八射珊瑚和六射珊瑚。红珊瑚属于八射珊瑚。海洋里曾经有过四射珊瑚，它们生活在距今4亿~2亿年，现在已经灭绝了。八射与六射并不是指触手的具体个数，触手数量为八或八的倍数的珊瑚都属于八射珊瑚，触手数量为六或六的倍数的珊瑚都属于六射珊瑚。

☝海水中生活的脑珊瑚虫

珊瑚虫在生长过程中能够吸收海水中的钙和二氧化碳，分泌出碳酸钙的微细文石和方解石晶体，构建自身骨骼，支撑身体的生长。海岸上见到的珊瑚是无数珊瑚虫尸体腐烂后剩下的群体"骨骼"。珊瑚虫的子孙们一代一代地在祖先的"骨骼"上面生活和繁衍后代，形成了各种各样的珊瑚。

珊瑚群体的骨骼式样繁多，颜色各异。红珊瑚像枝条丰硕的小树；石芝珊瑚像拔地而起的蘑菇；脑珊瑚像人的大脑；鹿角珊瑚似枝丫茂盛的鹿角；筒状珊瑚像嵌在岩石上的喇叭。珊瑚的颜色多变，有浅绿、橙黄、粉红、蓝、紫、褐、白等。珊瑚的颜色沿着珊瑚枝在纵向上发生深浅或透明度的变化，形成波状平行纤维构造。在横切面上，珊瑚呈现的同心纹是珊瑚的隔壁。珊瑚枝上有许多圆形小坑，是珊瑚虫穴居的地方。

这些珊瑚骨骼在海底构成了美不胜收的水下花园。成千上万的珊瑚虫群体骨骼在数百年至数千年的生长过程中不断扩大和持续累积便形成千姿百态、生机勃勃、色彩斑斓的珊瑚礁。作为一种生物礁石，珊瑚礁为许多动植物提供了生活环境，包括蠕虫、海绵、软体动物、棘皮动物、甲壳动物和藻类，以及各种鱼类的幼鱼。珊瑚礁生态系统被称为水下"热带雨林"，具有保护海岸、维系生物多样性等重要功能。

海水中生活的树状鹿角珊瑚虫

脑珊瑚正面图

飞向海南

🖐 脑珊瑚顶面图　　　　　　　　　　　　　　🖐 脑珊瑚纵面图

脑珊瑚

脑珊瑚（*Trachyphyllia geofroyi*）群体呈现为圆形，表面有深槽，类似人的大脑皮层。脑珊瑚的珊瑚虫的触手整齐地排列在两侧，口长在底部，形如凹槽。固着在海底的脑珊瑚能够抵御海浪的冲击。脑珊瑚也称泡纹珊瑚，颜色丰富，有红色、粉红色、橙色、紫色及多色混杂的彩色珊瑚。脑珊瑚的骨骼标本在海滩上非常醒目。

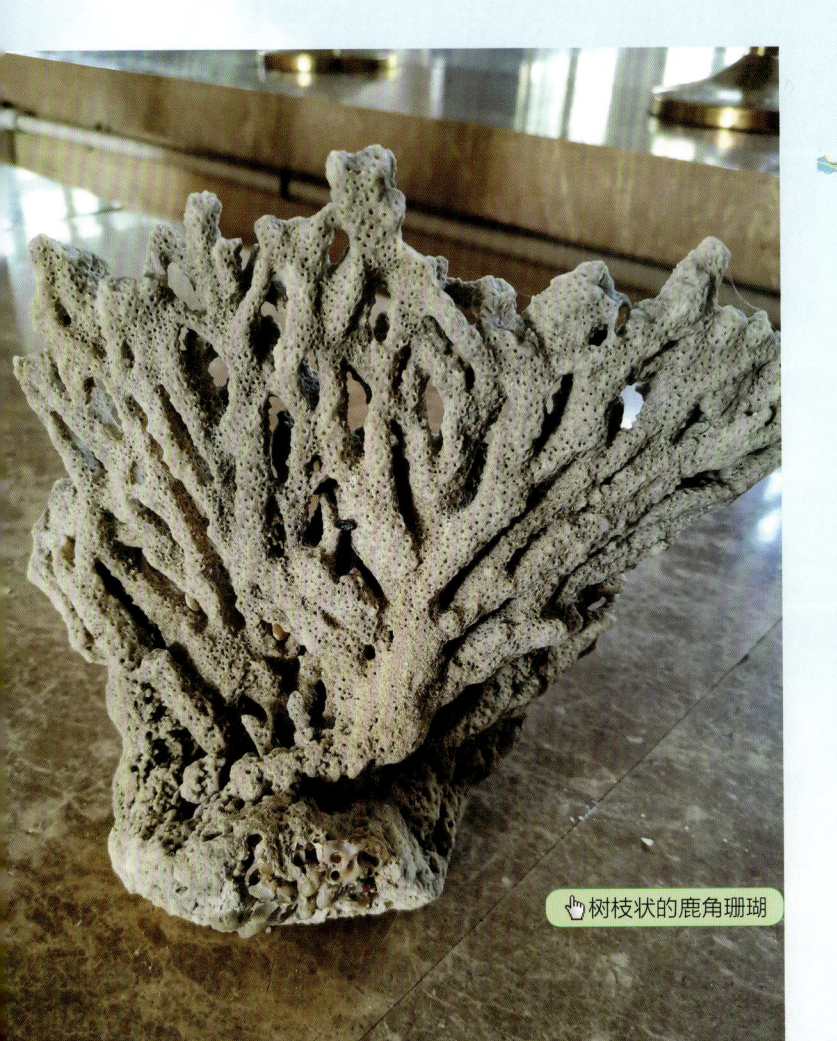

🖐 树枝状的鹿角珊瑚

链接　树状鹿角珊瑚

树状鹿角珊瑚（*Acropora dendrum*）是水螅型单体或群体珊瑚，个体大，生长在礁石斜坡面上。树状鹿角珊瑚的触手芽形成块状、叶状或分枝状群体，呈现为灌木状，分枝距离较大，群体长达20～50厘米，直径为0.5～2厘米，有围鞘。触手与隔膜为6或6的倍数，属于六射珊瑚。珊瑚虫的基盘部分与体壁外胚层能够分泌石灰质，构成外骨骼。鹿角珊瑚分枝形态如鹿角，顶端小枝细渐尖，分枝中部和基部的辐射珊瑚体稀少，向上逐渐变为鼻形和半管唇形，小枝上的是针口管形，滤食浮游性生物。树状鹿角珊瑚的颜色多为白色、红色。

链接 苔藓虫

　　苔藓虫属于苔藓动物门苔藓虫纲，是海洋里营固着生活的群体动物。苔藓虫的形态很像苔藓植物，但是它是动物，具有完整的消化器（包括口、食道、胃、肠和肛门等）。苔藓虫的个体小，不分节，具体腔；体外分泌胶质形成骨骼。虫体前端有口，口的周围有冠状物，称之为"总担"，其上生有触手。消化道呈U形，口和肛门因此而靠近。群体形状，有的像被单一样盖在壳或石头上；有的长得像小树或复叶。每个群体都由成百上千的单体（游动孢子）组成。每个单体都有管状或盒状的骨骼。苔藓虫广泛分布于全世界，多生活在水底，喜欢在清洁且富含食物的海水与淡水中生活。

研学小课题

1. 根据滨海岩石的特点认识火成岩侵入体及围岩形成的相对年龄。

2. 比较大花紫薇和紫薇的异同。

3. 海南奇石景观是怎么形成的？

4. 辨别腹足类动物外壳是左旋还是右旋的。

5. 珍珠是怎么形成的？

飞向海南

海浪与岩石

研学小实践

1. 解剖酸豆树花，认识花的各部分结构。

2. 采集花岗岩样品，认识花岗岩的各种矿物成分。

3. 采集海岸上的珊瑚骨骼和苔藓虫骨骼，比较它们的不同。

4. 在退潮时，寻找附着在岩石上的贝类，鉴定它们是哪种贝类。

研学小思考

1. 花岗岩与海滩岩的区别。

2. 为什么鲍鱼不是"鱼"而叫"鱼"？

3. 三亚的行道树与北方的行道树有什么不同？

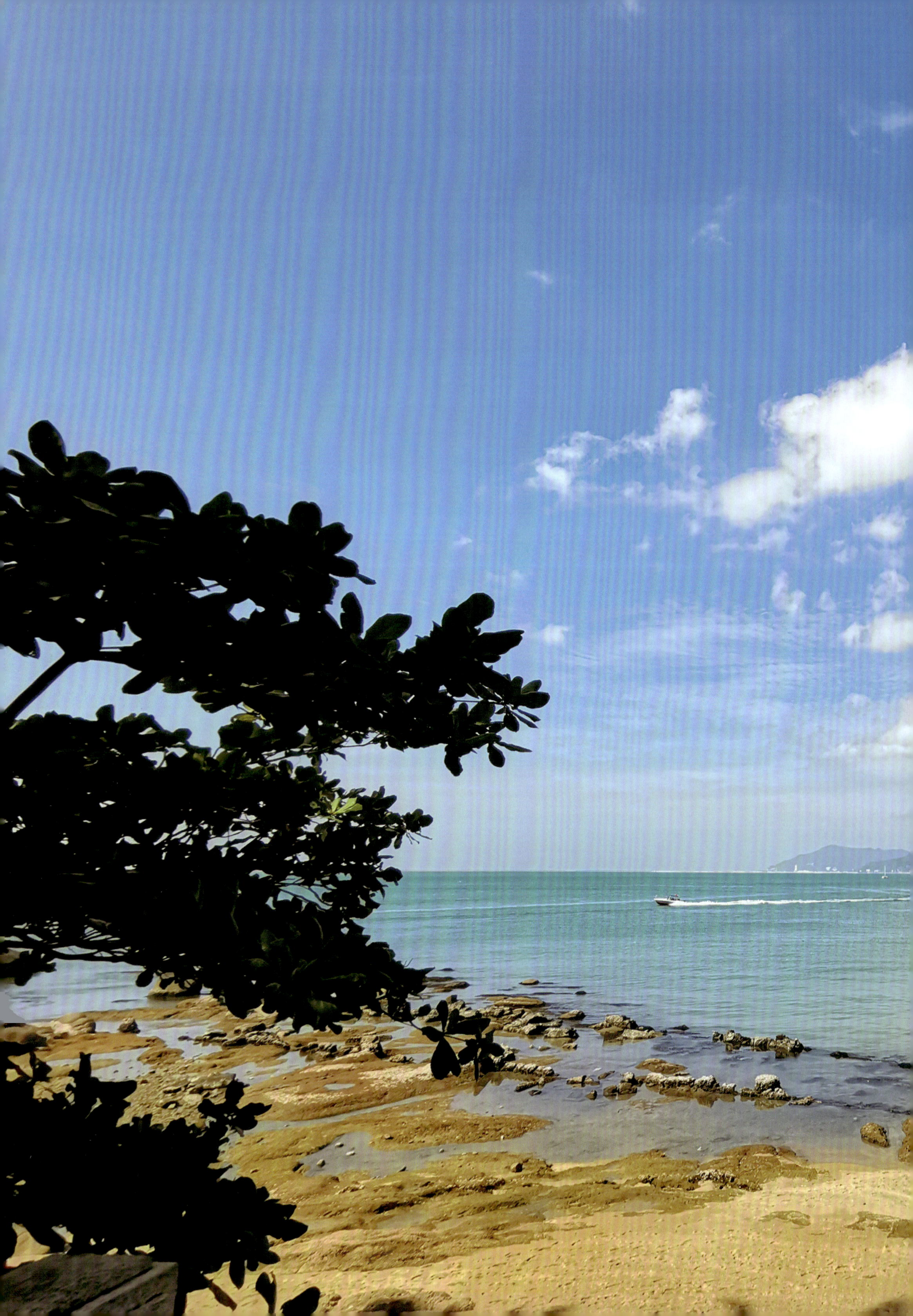

三亚海滨

第二节

养生文化

【关键词】 阳光　日照　气候
【知识点】 养生胜地　"道法自然，天人合一"　负氧离子

研学地点

天涯海角游览区
大小洞天风景区

三亚海岸

第六册 热带海滨与养生文化

南山小洞天石刻

研学背景

三亚具有独特的南海海滨的秀丽景观、低碳环境和修身养性的优越条件。人们在这里世世代代地勤劳生产，休养生息，繁衍后代，千百年来积累了浓厚的地域风俗和养生文化。三亚成为海南岛独一无二的美丽名片、中国养生的胜地，素有"东方夏威夷"之美称。

大小洞天背靠翠绿山峦，面向碧蓝海水，山水相依，海阔天空。小洞天近在咫尺，福如东海，寿比南山，是修身养性的胜地；大洞天放眼未来，天高任鸟飞，海阔凭鱼跃。

郭沫若题诗词——天涯海角游览区

三亚养生休闲地

研学知识

1. 养生胜地

　　健康、长寿的养生要素主要有阳光、海水、沙滩、空气、绿色。三亚是处于北纬18°以南的热带城市，全年平均气温和海水水温都在20℃以上。三亚面临南海，阳光明媚、碧海蓝天、沙滩柔软、空气清新、四季常绿，空气中的负氧离子含量居全国前列。南海之滨的清新空气沁人肺腑，可以令人心旷神怡。生活在宜人的气候里，人们感受不到酷暑，也体会不到寒冬。盛夏，海风早晚送爽；冬季，北国冰天雪地，而南国依旧春意盎然，植被郁郁葱葱，花香鸟语。所有这一切构成三亚得天独厚的养生资源。

　　自古以来，生活在三亚的历代先民享受着大自然的恩泽与精华。男耕女织，日出而作，日落而息，顺应自然，去灾祛病，净化身心，调整心灵，寻找人与自然的和谐与平衡。以平淡的心态，度仙人的生活，福如东海，寿比南山，可以达到养生的最高境界。为此，无数文人墨客被这里的大自然美景所捕获，置身天涯海角，享受碧海蓝天，赞颂山水风光，填写不朽诗篇，挥笔留下千古石刻，将人与自然和谐相处的理念传世至今。三亚沉淀了丰富的养生文化。

第六册 热带海滨与养生文化

空气中的负氧离子是大气中带负电荷的单个气体分子和氧离子团的总称。由于氧分子更具有亲电性，会优先获得电子形成负离子，故常被称为负氧离子。大气中的离子化空气中包括负离子和正离子。空气分子是由原子组成的，带正电荷的原子核与带负电荷的电子共同构成原子。当空气分子受到电离等外界条件作用获得足够能量时，外围电子脱离原子核的束缚，而变成自由电子。失去电子的中性分子或原子核变成正离子。空气中的中性分子或原子在捕获到逃逸出来的自由电子时，则变成负离子。

当然，人工电晕放电、热金属电极或光电极的热电子发射、放射性同位素的辐射等也会产生负氧离子。在地球生态系统中，森林和湿地是产生负氧离子的重要地方。

负氧离子所携带的负电荷的氧化还原作用很强，能够破坏细菌病毒电荷的屏障及细菌的细胞活性酶的活性，还可以沉降空气中的悬浮颗粒物，起到净化空气、调节小气候的作用。因此，负氧离子浓度是评价空气质量指标之一，也与人类的健康息息相关。我们时时刻刻需要负氧离子。空气中负氧离子浓度在20个/厘米^{3}以下时，人就会感到倦怠、头昏脑涨；在1000～10 000个/厘米^{3}时，人会感到心平气和、平静安定；在1万个/厘米^{3}以上时，人就会感到神清气爽、舒适惬意；而在10万个/厘米^{3}以上时，就能起到镇静、止喘、消除疲劳、调节神经等防病治病效果。在地球生态系统中，由于植物光合作用能够产生负氧离子，因此森林、草原和湿地成为富含大量负氧离子的休养胜地。海南负离子平均含量达到4500个/厘米^3，最高可以达到20 000个/厘米^3，居全国前列，超过了世界卫生组织规定的1000～1500个/厘米^3。

负氧离子作用示意图（消烟除尘、除甲醛、改善微循环、增强抗病能力、改善睡眠、改善心肺功能、缓解呼吸疾病、增强新陈代谢、促进血液循环、提高免疫功能、顺畅呼吸）

椰林海滨

海南岛的热带气候和优越的自然条件，孕育出丰富的动植物种类。海南人民充分利用自然资源培育出适合作为养生食材的各种动植物品种。深邃的大海蕴含着丰富的海洋生物，成为人类赖以生存的蓝色农场和牧场。海潮和海浪每天都在输送各种生猛海鲜（如鱼、虾、蟹、螺、蚌等）供人类享用。

　　海南的美食精髓，如文昌鸡、嘉积鸭、温泉鹅、和乐蟹、东山羊、五指山的野菜和椰丝糯米粑等，不仅是海南的佳肴，更是养生的美味。海南养生佳肴不仅融合了闽、粤风味的高超烹饪技术，而且把多种中药搭配进来，煲出各种养生高汤，以清淡幽香闻名。

　　生活在海南的人们习惯饮用凉茶以适应炎热的气候，顺应水土习俗，达到预防疾病与保健的目的。凉茶以中医养生理论为指导，精选中草药为原料，制作出具有清热解毒、生津止渴、祛火除湿等功效的各种饮料。

👆东山羊肉

👆清补凉

飞向海南

👆老子雕塑

第36页

崖州海滨

2. 养生理论

老子与《道德经》

老子姓李，名耳，字伯阳，号聃，是我国古代哲学家、道教始祖。他所著的《道德经》流传至今。《道德经》又称《道德真经》《老子》《五千言》《老子五千文》，是先秦时代的一部重要著作，传说是春秋时期的老子撰写的，构成道家的哲学思想。它的核心是朴素的辩证法。在政治上，它主张无为而治、不言之教；在运筹上，它讲究物极必反之理；在修身上，它讲究虚心实腹、不与人争的修持。《道德经》论述修身、治国、用兵、养生之道。"道"是宇宙之道、自然之道、个人修身养性之道。"德"不是字面上的道德或德行，而是指修道者的世界观、方法论，以及为人处世的规则。德是基础，道是德的升华。

踏入大小洞天景区，映入人们眼帘的是在路旁悬挂着的黄色仿古长形灯笼，上面用清秀的楷书写着老子的《道德经》，传递着浓浓的中国传统养生文化气息。《道德经》第九章说："持而盈之，不如其已。揣而锐之，不可常保。金玉满堂，莫之能守；富贵而骄，自遗其咎。功遂身退，天之道也。"意思是，执持盈满，不如适时而止；锋芒太显露，锐势难保长久。金玉满堂，无法守藏；如果富贵到了骄横的程度，那便是福去祸至。凡事已经做到圆满，就要含藏收敛，退步抽身。这些经世的教诲蕴含着朴素的哲学思想，教导人们辩证地对待事物，遵循自然规律待人处事。

相传老子长寿，大约于周元王五年（公元前471年）死于秦国，享年101岁。老子头顶隆突，广额大耳，长眉宽鼻，方口厚唇，额刻三五纹理，耳有三个漏门，老来满头银发。他性情恬淡无欲，主张无为之治，后人以他为长寿偶像。

第37页

"道法自然，天人合一"

大小洞天风景区的一块巨大的椭圆形花岗岩上醒目地刻有隶书"道法自然"四个刚劲有力的大字。这是老子所创道教的重要哲学思想和精华所在。"道"是人类认识外部世界所获得的知识、理念和做事的规则。人具备了道，才能够认识天地之万物、阴阳之对立、物极必反之规律。

"道法自然"就是人类的活动和行为要符合自然规律，按照客观规律处理人世间的事与物。"人法地、地法天、天法道、道法自然"，老子用了一气贯通的手法，将天、地、人乃至整个宇宙的生命规律精辟地阐述出来了。

"天人合一"表达了人与大自然的固有关联。人类来自大自然，是天地之子，依靠大自然的恩惠而生存发展。大自然是永恒的，人类是地球演化46亿年、生命演化38亿年中的短暂过客。无论是个体，还是群体，人类最终都要回归大自然。因此，人类从诞生到最终归宿都离不开大自然。

在人的一生中，青少年时代肩负学习实践的重任，中年则进入奋斗和创造社会财富的阶段，到了老年则应颐养天年，幸福安度晚年。青年人、中年人、老年人都热爱生命，希望健康、养生、长寿。人生一世只有遵循大自然的规律生活、生产和处理世间万事万物，才能够顺风顺水，健康成长，成家立业，延年益寿；否则，将一事无成，甚至遭受灾难。

"天人合一"的哲学思想构建了中华传统文化的主体。宇宙与大自然是大天地，人生则是小舞台，二者大小相连，大小相通，大小相容。归根结底，人类与大自然在本质上是统一的，二者融会贯通。人类要尊重大自然，热爱大自然，保护大自然，与自然和谐相处。与大自然的韵律交融相和，和谐共存，人与物达到完美结合，就是"道法自然，天人合一"的真谛。

道法自然石刻

仁者壽

趙孟頫書

仁者壽石刻

3. 修身养性

在南海之滨的清秀迷人的景色中，众多名胜古迹星罗棋布，尤其是历代名人、学者、官员的摩崖石刻，传递着古人修身养性的感受和真谛。这些石刻不仅记载了千百年来的重大历史事件，而且留下了壮丽诗篇，更表达了古人祈求人世间美好生活与健康长寿的愿望，抒发了他们豪情万丈、情感荡漾的人生胸怀。

人生坎坷，难免旅途动荡，在悲欢离合之际，伤感悲凉之情会困扰前行之路。如果能够从迷茫中解脱出来，融入自然，修身养性，拓宽眼界，则是一番柳暗花明的新天地。斗转星移、时过境迁、物是人非，留在南海之滨岩石上修身养性、健康长寿的文化神韵依旧熠熠生辉。

第六册 热带海滨与养生文化

南天一柱

清宣统元年（1909年），崖州知州范云梯在三亚海滨距离天涯石和海角石约300米处看到一块高大兀立的圆锥形奇石耸立在海天之间，就像一支神笔直指苍穹。范知州在这块巨石上题刻了"南天一柱"。南天一柱石，为南海之滨增加了一处石刻景观。相传这个"财富石"充满财富和阳刚之气，有化腐朽为神奇的灵气。因此"南天一柱"被选为第四套人民币2元面值纸币的背面风景照。

南天一柱石刻

第39页

天涯海角

天涯石也被称为平安石，是一块巨大的花岗岩体，高10米，周长约为60米，具有明显的球状风化现象。从空中俯瞰，天涯石圆中见方，方中呈圆，独占海湾一角，与周围的绿树相得益彰。天涯石上的石刻记录着历史变迁。

古代文人喜用"天涯"、"海角"或"地角"等词语来描述遥远的地方，以寄托思乡之愁。虽然天涯与海角被用于神州许多地方，但是最终被世人所公认的只有三亚的"天涯海角"。这得益于清朝雍正年间的崖州知府程哲。他是江南人，清代著名散文家和石刻家。当年，程哲任职崖州，在南海之滨、人烟稀少之处涌起人在天涯身在异乡的伤感之情。程哲想起南朝陈徐凌《武皇帝作相对与岭南酋豪书》中的"天涯藐藐，地角悠悠"的诗句，于是，"天涯"二字呼之即出。他在海边巨石上刻下自己的灵感之作——天涯。

天涯石刻

如今，天涯石已成为中华民族"天涯文化情结"的特定载体。天涯石正下方还刻有"海阔天空"四个隶书体大字。据传，这是清末文人所题。海阔天空一扫古人离乡背井、远在天涯思念亲人的悲伤之情，反而激起人们"海阔凭鱼跃，天高任鸟飞"的雄心壮志，赋予"天涯海角"新的意境和气势。

海角石又被称作"幸运石"。抗日战争期间，琼崖守备司令王毅来到此处，只见天涯石，而不见"海角"的踪影。他看见在伸入大海的高耸垒石中有一座峭岩突兀挺拔，灵感突至，下令在这块石头上部刻了"海角"二字，与"天涯"遥相呼应，构成天涯海角的完整概念。人们相信这块幸运石能带来幸福、快乐和好运。海岸附近有"观海亭"，亭子里高悬一匾"迤逦天涯万里情，快意雄风海上来"。

海角石刻

飞向海南

第40页

第六册 热带海滨与养生文化

天涯海角星

在爱情广场中央有一座雕塑，叫作"天涯海角星"。1997年6月3日夜晚，中国科学院国家天文台兴隆观测站的天文学家们发现了一颗小行星，给它的临时编号为1997LK。国际小行星中心在2002年7月14日正式公布授予这颗小行星的永久编号为第9668号。经过国际天文学联合会小天体命名委员会批准，中国科学院国家天文台将第9668号小行星正式命名为"天涯海角星"。为了纪念这个具有特殊意义的事件，厦门大学蒋志强采用古代天文仪器——浑仪与赤道经纬仪的形象，创造出"天涯海角星"的雕塑。

天涯海角星雕塑的星体光芒四射，与海边的"日月石"和湛蓝色大海融为一体，构成"日月星辰，交相辉映"的壮丽景观，为爱情广场注入了浪漫元素。漫漫人生路，当遇到挫折、遥望星空、仰天长啸时，你是否还记得在浩渺的宇宙中有一颗美丽的小行星——天涯海角星？它的运行轨迹与你的人生旅途有过悄无声息的交会！正是它，天涯海角星，默默地祝愿你走出人生低谷，接受挑战，迎接红日出海东升！

👆 天涯海角星雕塑

海判南天

清康熙五十三年（1714年）十月初五，《广东舆图》已经绘制完成，此图为康熙皇帝确定另一天极"南交"提供依据。在同年十一月，钦差大臣苗曹汤巡边至此，在天涯海角游览区的下马岭处留下"海判南天"的石刻。这是《皇舆全览图》测绘留下的纬度标记。康熙派出的测绘队伍正是按照《诗经》所云"于疆于理，至于南海"专门来此查清南海山脉所趋。

👆 海判南天石刻

第41页

链接 《皇舆全览图》

《皇舆全览图》为清代康熙年间绘制的地图。1708年开始编绘，1718年初步完成，历时十年。该地图以天文观测与星象三角测量方式进行，采用梯形投影法绘制，比例为40万分之一。地图涵盖范围东北至库页岛（现萨哈林岛），东南至台湾，西至伊犁河，北至北海（现贝加尔湖），南至崖州（现海南岛）。这是我国第一次通过全国范围的实测，采用科学方法绘制的地图，成为亚洲当时最好的地图，并且第一次在实践中证实了牛顿的地球为椭圆形的理论。《皇舆全览图》成为世界地理学史上的一件大事。

纪念"海判南天"300周年
（1714—2014年）

清康熙四十七年至五十七年（1708—1718年）进行的天文大地测量，是中国乃至世界地图测绘史上前所未有的盛举。测量采用三角、天文测量法，康熙帝委派法国科学家白晋、雷孝思、杜德美、汤尚贤、德玛诺、冯秉正和山遥瞻、奥地利人费隐和葡萄牙人麦大成等与中国官员共同测绘，于五十七年完成清《皇舆全览图》的绘制。

测量过程中全国共使用了641个控制点，海南有7处，崖州观测点是其一。康熙五十三年（1714年），清廷派钦天监五官正苗寿、理藩院绰尔代和法国科学家汤尚贤到崖州观测点刻立"海判南天"石刻，是康熙天文大地测量的重要遗迹，成为十八世纪初中法科技交流的历史见证。

纪念墙浮雕图案取自17世纪80年代末法国博韦工厂创作的《中国皇帝史》系列织锦挂毯中的一幅，描绘康熙帝与法国科学家研讨天文测量的情景。

4. 长寿文化

龟鹤延年

中华民族自古以来就有对龟的崇拜。龟是我国古代图腾之一，作为神龟，与龙、凤、麒麟奉为四灵的神兽之一。"龟一千年生毛，寿五千岁谓之神龟，寿一万年曰灵龟。"龟能吮吸天地山川之灵气，带来吉祥之瑞气，使人身心健康，增福添寿。我们的祖先把龟作为具有特殊灵性的神奇动物来供奉，使龟成为吉祥的象征和长寿的代表。千百年来，日积月累积淀而成的龟文化渗入社会、经济、文化、医学乃至意识形态和民俗民风之中。

丹顶鹤又叫"仙鹤"，寿命可达五六十年，可谓鸟类中的长寿者。丹顶鹤性情高雅，身态美丽，素以喙、颈、腿"三长"著称，直立时可高达一米，透着仙风道骨的神气。作为长寿仙禽，丹顶鹤常为仙人所骑，老寿星也常以驾鹤翔云的形象出现。鹤寿无量，鹤与龟均属于吉祥之物，被视为长寿之王。鹤与龟交集，便产生"龟鹤齐龄""龟鹤延年""龟龄鹤寿"的吉祥用语，以喻长寿。在吉祥图案中，"龟鹤齐龄"是经常使用的装饰图案。鹤与松交集，便组成"松鹤长春""鹤寿松龄"的吉祥词语。

第六册 热带海滨与养生文化

福如东海，寿比南山

"福如东海长流水，寿比南山不老松"是祝福老者长寿时的一句吉祥语。长寿是人类与生俱来的一种愿望和追求。"长生不老"的梦想，几乎与人类文明历史同步同行，酝酿沉积成一种内涵丰富的养生长寿文化。中国人用字讲究字意，与"寿"相伴的词语表述了这种祝愿，如"长命百岁""长命富贵""福寿安宁""延年益寿""福海寿山""万寿无疆"等。

在三亚市以西（古崖州地界）的南山有一块寿字碑。碑高2.67米，宽1.1米，厚0.3米，上面的"寿"字是清朝慈禧太后"御笔之宝"。清光绪年间，慈禧将这个"寿"字赐给将离京到崖州上任的知州王亘。王亘莅任后，在崖州城内"同善堂"中树碑，刻上慈禧御赐的"寿"字真迹，寓意"寿比南山"。"同善堂"被毁后，原碑移至南山。寿字碑旁边的"南山"二字为中国佛教协会会长赵朴初所题。南山的岩石为坚硬花岗岩，形成于2.5亿～2亿年前，经过亿万年的风蚀海侵，吸取了大自然的精华和天地之灵气，屹立在南海之滨。

寿字碑

九九归一的石龟远行

第43页

唐天宝七年（748年），鉴真师徒从扬州出发第五次东渡越海时，漂洋过海，克服重重困难来到振州（今三亚市）。众僧来到南山时顿感精神倍增，后人便把南山叫作神山。南山人健康长寿，寿命过百者众。因此，各地老人竞相来到南山脚下，相互祝寿，祈求祛病除邪，消灾免祸，寿比南山。

在寿字碑附近，有九只大龟和一只小龟向上爬行，是当时为澳门回归而制作的，寓意九九归一，当然也意指阖家欢乐、其乐融融。龟在道家文化里象征长寿吉祥。

幼龟出壳

南山不老松

三亚南山上生长有3万多株"不老松"。这种形态似"松"的树其实不是松，而是龙血树。龙血树是长寿树种。这里已知的最古老的一棵龙血树的树龄已达到6300年，据说还有树龄上万年的龙血树。龙血树根树相抱，似一尊盘坐的老寿星，为这块人寿福泽宝地共同书写了寿比南山不老松的千古福愿。在石阶旁的一块巨大花岗岩上有"南山不老松"的石刻。

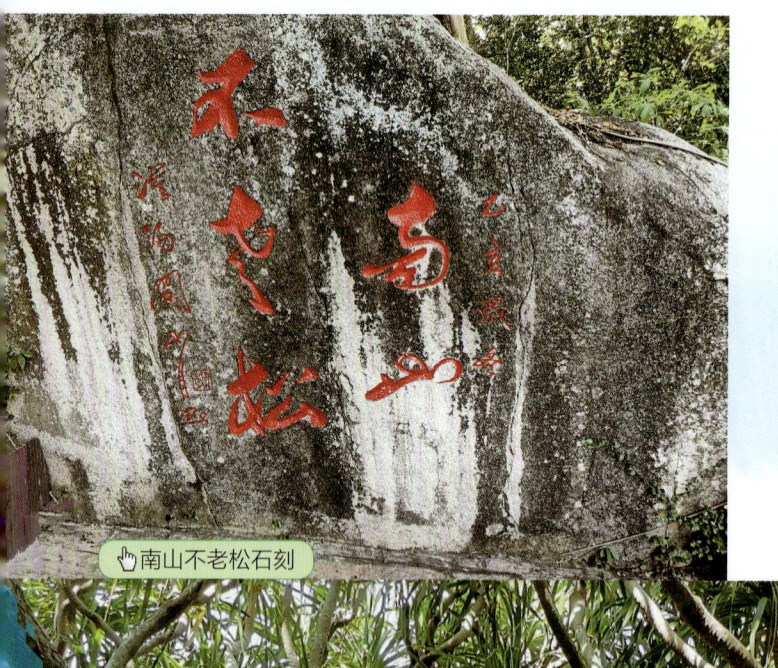

南山不老松石刻

南山不老松——龙血树

老寿星

老寿星是中国神话故事中的仙人，为元始天尊座下大弟子，典出《史记》卷二十七《天官书》。在中国星宿说中，老寿星别称"南极老人星"，在天文学中就是"船底座α星"，亮度仅次于天狼星。自古以来，民间认为老寿星主寿，故在祝寿时称主人为老寿星，以祝愿他健康长寿。这位神仙其实是道教追求长生的一种信仰。

在民间祈祷长寿的吉祥图中，老寿星为一位白发老翁，身矮头长，鹤发飘髯，面目慈祥，脑门高耸如同一个瘤状物。老寿星突出的硕大脑门是返老还童的现象，犹如丹顶鹤头顶部高高隆起的瘤状物。他一只手捧王母娘娘的寿桃，食后"长生不老"；另一只手执拐杖，为汉明帝所赠，称之为"王杖"或"鸠杖"，是因为斑鸠是不噎之鸟，寓意老人健康长寿。众多长寿意象融合叠加，塑造了老寿星的经典造型，成为民间年画中的尊贵常客，寓意吉祥长寿。年画中还有梅花鹿与蝙蝠等动物，以其谐音象征"禄"和"福"，表示长寿、多福、存禄。

在大小洞天风景区的老寿星石雕的左上方有一只洁白的仙鹤展翅飞翔，仙鹤伴随着和蔼慈祥的老寿星云游世界，给天下人带来安康、幸福和长寿。

第六册 热带海滨与养生文化

老寿星雕塑

飞向海南

👆"寿"字石刻

第46页

研学小课题

1. 为什么三亚是理想的养生胜地？

2. 哪些人物、动物和植物可以作为代表长寿的标志？

3. "天涯海角星"的意义是什么？

研学小实践

1. 寻找万年松，确认这种植物的分类位置。

2. 研究一下众多的石刻巨石属于哪类岩石？

3. 从道家理念中找寻长寿的论述。

椰树海滨

研学小思考

1. 对于老子《道德经》中修身、治国、用兵、养生之道的论述，你有什么思考？

2. 结合自己的体会，你如何理解"道法自然，天人合一"？

3. "海判南天"石刻的历史作用是什么？

4. 为什么南海海滨的负氧离子含量会比北方的高？

第三节

生命演化

【关键词】 古生物　化石　生命演化

【知识点】 鱼龙　三亚翼龙　圣贤孔子鸟　恐龙蛋　水晶

研学地点

三亚自然博物馆

三亚自然博物馆

第六册 热带海滨与养生文化

👆展厅陈列　　👆三亚自然博物馆展厅

研学背景

　　三亚美丽的热带海滨和优越的养生环境，是远古的自然环境经历了沧海桑田巨变及生物经历了漫长演化的结果。我们走进三亚自然博物馆，沿着古生代、中生代和新生代生物的地质历史轨迹，追寻远古自然环境改变的过程，探究生物世界演化的秘密，欣赏生命演化的壮丽史册。

　　三亚自然博物馆坐落在南海之滨，是我国地理位置最南的一座展示生命演化历程的博物馆。馆内通过大量珍贵的化石标本，展示了地球46亿年的沧海桑田巨变所"导演"的生命演化大戏。遵循着从简单到复杂、从低等到高等、从水生到陆生、从原始到进化的演化规律，地球上的生命展现出其演化的顽强魅力和创世能力，造就了今天如此蓬勃发展的盛世。

　　三亚自然博物馆是全国科普教育基地、海南省科普教育基地，今后将成为青少年研学实践的重要场所。

第49页

鸣 谢

感谢国家航天局高分辨率对地观测系统海南数据与应用中心提供的研学地点遥感卫星图

遥感（remote sensing，RS），即"遥远的感知"，泛指远距离非接触式获取目标特征信息的技术。目前，遥感技术在我国的国土资源、军事、环境减灾、农业、林业、海洋、气象、地质勘探、测绘、城市规划、旅游等各个领域得到了广泛应用。遥感卫星是用作外层空间遥感平台的人造卫星。

大小洞天风景区与天涯海角游览区的卫星图片是来自国产的"高分二号"卫星拍摄的影像（分辨率可达0.8米）。"高分二号"卫星是我国自主研制的首颗空间分辨率优于1米的民用光学遥感卫星。

中科院遥感卫星站

南山研学地的卫星图

大小洞天风景区

南山文化旅游区

天涯海角游览区卫星图

天涯海角游览区

研学知识

地球上的生命演化经历了约38亿年的艰苦历程。三亚自然博物馆内陈列的不同地质历史时期的动物和植物化石标本，特别是古生代海洋生物、中生代早期贵州关岭生物群、中生代晚期辽西热河生物群与河南南阳盆地恐龙动物群、新生代中新世山东山旺生物群等的珍贵化石，展现了生命演化历程中消失的重要环节，对我们认识生物发展史、遵循生命演化规律来协调我们与大自然的关系至关重要。

1. 古生代海洋生物

古生代意为远古的生物时代，距今5.41亿～2.52亿年，包括寒武纪、奥陶纪、志留纪、泥盆纪、石炭纪、二叠纪六个纪。寒武纪（距今5.41亿～4.85亿年）是无脊椎动物大爆发的时代，以海生无脊椎动物中的三叶虫、软体动物和棘皮动物最繁盛。奥陶纪（距今4.85亿～4.43亿年）气候温和，海生生物空前发展，较寒武纪更繁盛，以体形巨大的直角石"称霸世界"。

直角石

直角石（*Orthoceras* sp.）属于无脊椎动物软体动物类头足纲直角石目的海洋动物，繁盛于4亿多年前的奥陶纪，现在已灭绝。直角石具有锥状的坚硬外壳，湖北宜昌发现的直角石化石的长度为108厘米。直角石身体在生长时不断向前移动，并分泌出钙质壳，最后肉体着生在壳体最前部，形成住室。随着不断的生长，外壳直径逐渐变大，住室后面向壳的尖端逐渐形成一系列气室。气室对直角石在海洋里运动和保持身体平衡具有重要作用。直角石死后，只有外壳保存成为化石。直角石体内的隔壁、体管等构造是直角石分类的重要依据。

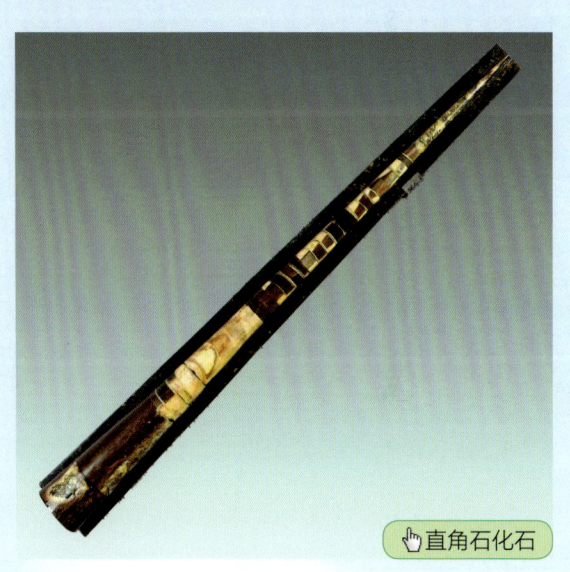

直角石化石

菊石

菊石（*Ammonoidea*）属于无脊椎动物软体动物类头足纲菊石亚纲的海洋动物，生活在泥盆纪至白垩纪（距今4.20亿～6600万年）时期。菊石是由鹦鹉螺亚纲的直角石演化而来的。菊石体外有硬壳，与现代的鹦鹉螺形状相似。菊石类壳体最小的仅有1厘米，大的可达2米，运动器官在头部。在头足类动物演化过程中，唯有现代的鹦鹉螺还背负着一个沉甸甸的硬壳，在海洋里缓慢游动。它们依靠硬壳来保护自己。按照鹦鹉螺的运动方式推断，菊石也是一种游速不快的动物。我国西藏的珠穆朗玛峰地区出土了大量菊石化石，成为喜马拉雅山地区地壳运动、海陆变迁、沧海桑田巨变的见证物。

菊石化石

鱼龙化石

2. 中生代早期贵州关岭生物群

贵州关岭地区位于云贵高原，地处石山地区，重峦叠嶂，苗族同胞世世代代生活在这里。在大量泥岩、页岩和石灰岩上会出现精美别致的纹饰，这就是古代的鱼龙、海龙、檐齿龙、鳍龙、木盾齿龙等爬行动物，菊石、双壳类、鹦鹉螺、腕足类、鱼类、海百合等海生动物形成的化石。这些动物共同构成了"关岭生物群"。

在距今大约2.2亿年（晚三叠世）以前，贵州关岭地区是一片海洋，海水清澈透底，海底生长着美丽的海百合。各种海洋动物游弋在水中。它们的遗骸不断被泥沙掩埋，沉积在海底，成为珍贵的化石。亿万年以来，沧海桑田，这些无言的动物化石展现了远古海洋与海洋生物生机勃勃的场景，述说着生命演化的故事。

鱼龙

三亚自然博物馆内珍藏的鱼龙（Ichthyosauria）来自关岭三叠纪古生物群，是一种类似鱼和海豚的大型海栖爬行动物。最早出现于约2.5亿年前，大约在9000万年前绝灭。鱼龙个体大小不一，有的十分小，有的体形巨大。馆内展出的鱼龙长达15米，其中尾巴的长度就占了全身的1/2。鱼龙眼睛的最大直径可达26.4厘米，这是地球上已知的最大眼睛。鱼龙的游动速度很快，以捕食鱼类为主，也捕食头足类和其他海洋动物。

海滩与海浪

飞向海南

海百合

贵州关岭地区三叠纪古生物群落中的海百合（Crinoidea）虽然含有植物"百合"的名字，但它们却是海洋棘皮动物中最古老的种类。早在寒武纪中晚期，海百合就已经生活在海洋中了。海百合分为有柄海百合和无柄海百合两大类。海百合的柄由环状骨板构成，长柄固着在深海底，柄的上端有一个类似百合花的花托，各个器官都生长在花托上。细细的腕（又叫触手）从花托中伸出，腕由枝节构成，能自由活动。腕的侧面还有更小的枝节，形似羽毛。腕像风车一样迎着水流捕捉海水中的小动物。海百合捕食时将腕举起，通过腕过滤海水中的浮游生物或其他有机物质，捕到之后将其送入口中。

海百合化石

3. 中生代晚期辽西热河生物群

辽西热河生物群最初以戴氏狼鳍鱼、东方叶肢介、三尾拟蜉蝣为代表。20世纪90年代以来，在辽西地区发现了许多十分珍稀的化石标本，几乎涵盖了中生代向新生代过渡的所有生物门类，有植物类、腹足类、双壳类、叶肢介、昆虫类、鱼类、两栖类、翼龙类、恐龙类、鸟类和兽类等。这些标本极大地丰富了辽西热河生物群的内容，为深入研究辽西热河生物群提供了极宝贵的化石资料。

在侏罗纪和白垩纪过渡的时期，我国冀北、辽西、内蒙古等地区气候温暖湿润，河湖纵横，草木茂盛，许多动物生活在这里，构成世界闻名的辽西热河生物群，包括哺乳动物十余种、鱼形动物十余种、两栖动物8种、鸟类近40种、恐龙类近40种、昆虫类500多种、植物类100多种。

天有不测风云，地壳运动导致的火山爆发瞬间喷发出的岩浆、火山灰和有害气体无情地吞噬了无数生命，它们的遗骸被永久地封存在厚厚的岩石中，成为化石保留至今。亿万年过去了，历史之书终于翻到了这神奇而精美的一页，珍惜宝贵的生物化石终于得以面世，为我们展现曾经充满生机的生物世界，揭示了生命演化的奥秘。昔日辉煌的辽西热河生物世界已经成为举世瞩目的世界级化石宝库。

三亚翼龙化石

三亚翼龙

翼龙又名翼手龙（*Pterosauria sanya*），是一种生活在三叠纪至白垩纪已经灭绝的爬行动物。它们与恐龙同时代存在，但是翼龙不属于恐龙，而是"有翼蜥蜴"，即会飞行的爬行动物的一个分支。支撑翼龙飞行的翼膜是由皮肤、肌肉等软组织构成的，从胸部延展到第四长指上，其他各指支撑着膜。翼膜已经适应飞翔和滑翔。翼龙的头骨轻而强壮，身体多数骨头融合；嘴细长；眼睛较大。早期，翼龙长有满口牙齿和长尾巴；晚期，翼龙缺乏牙齿，具有短尾巴。

三亚翼龙是三亚自然博物馆的镇馆之宝。翼龙头部近眼睛处有大的空洞，以减轻头部重量，有利于飞行。翼龙共有五指，第四指长度约为其他几指的20倍，由指和皮肤膜形成"翅膀"，具有飞翔的功能。翼龙是会飞的脊椎动物，有"空中霸王"之称。三亚自然博物馆的这具翼龙化石保存完好，完整度和观赏性都堪称一流。

圣贤孔子鸟

圣贤孔子鸟（*Confuciusornis sanctus*）属于鸟纲孔子鸟目，生活在侏罗纪晚期，是世界上最原始的鸟类之一，也是古鸟类的重要发现之一。圣贤孔子鸟头骨上下颌均无齿，具有粗壮的角质喙，是世界上出现最早的角质喙的古鸟类之一，在鸟类进化研究中有重要地位。它的前颌骨极长，其前端愈合而后端直接与额骨相接触。眶孔大，颞区为典型的双弓形，下颌前部粗壮，齿骨后部分叉。羽毛发育，飞羽窄长，羽片不对称，长度超过骨骼体长，显示出其具有较强的飞行能力，能够通过短距离奔跑而起飞。它的头骨的骨块不愈合，尚具有其祖先爬行类遗留下的眶后骨、牙齿退化及出现了最早的角质喙。其前肢仍有三个发育的指爪骨、胸骨无龙骨突、肱骨有一大气囊孔等祖先性状。圣贤孔子鸟颈部有鱼类残体，证明该鸟取食鱼类，为研究古代食物链提供了直接证据。

圣贤孔子鸟化石

链接 古鸟类研究

1993年，当地人在辽宁北票市附近的四合屯发现白垩纪早期鸟类化石。随后，人们在当地又发现40多种古鸟类化石，中国成为世界研究鸟类起源和演化的中心。

圣贤孔子鸟是除德国始祖鸟以外世界上最古老和最原始的鸟类。德国始祖鸟是探索鸟类起源的重要依据，中国发现的大量古鸟类化石为研究鸟类提供了新的重要证据。其中，鸟类是起源于小兽脚类恐龙，这是20世纪最重要的科学发现之一。古鸟类具备和现代鸟类相似的消化系统及正在退化的小型牙齿。因为现代鸟类没有牙齿，只有角质喙，所以鸟类牙齿演化经历了从有到小再到完全退化的过程。

古鸟化石

第六册 热带海滨与养生文化

第55页

▸ 室井氏狼鳍鱼化石

狼鳍鱼与北票鲟

狼鳍鱼（Lycoptera muroii）与北票鲟（Perpiaosteus sp.）都属于鱼类，生活在侏罗纪晚期至白垩纪早期。

室井氏狼鳍鱼发现于辽宁义县金刚山义县组的地层中。它与戴氏狼鳍鱼的区别在于室井氏狼鳍鱼的背部较高，牙齿较大，背鳍起点与臀鳍起点相对。尾鳍分叉鳍条不多于15根，最末尾椎骨上扬。

北票鲟的口下位有圆钝的吻突，颌骨无牙齿，身体基本裸露，仅有一行侧线鳞，歪尾型或全尾型。北票鲟有两种——潘氏北票鲟与丰宁北票鲟，发现于辽西地区与河北北部。

▸ 北票鲟化石

第六册 热带海滨与养生文化

鹦鹉嘴龙骨骼化石

鹦鹉嘴龙

鹦鹉嘴龙（*Psittacosaurus sp.*）又称鹦鹉龙，希腊原文是"鹦鹉蜥蜴"，属于蜥形纲鸟臀目鹦鹉嘴龙科的恐龙，生活在白垩纪。这是一种小型的植食性恐龙，因生有一张酷似鹦鹉的嘴而得名。成年的鹦鹉嘴龙一般体长在1米左右，最长可达2米。鹉嘴龙具有类似瞪羚的两只足，上颚高，喙状嘴强壮。

鹦鹉嘴龙化石

满洲龟

满洲龟（*Manchurochelys liaoxiensis*）是曲颈龟亚目中国龟科的动物。头骨低平，鼻骨小，背甲低平，椎盾为六边形，背甲具有8块椎板、2块上臀板、8对肋板、11对缘板。腹甲缩小退化呈十字形。

辽西热河生物群中发现了大量满洲龟属的化石。该属包括满洲满洲龟、东海满洲龟和辽西满洲龟三个种。辽西满洲龟是在辽宁北票地区发现的，生活在1.5亿年前后的侏罗纪至白垩纪时期。

满洲龟与龙龟的亲缘关系最近。龟类是变温动物，现代分布在热带和温带地区，在陆地生活，栖息在河流、湖泊、沼泽和湿草地等处。据此推测，满洲龟也应生活在温暖潮湿、具有湖泊水域的地方。

满洲龟化石

第57页

东方叶肢介化石

东方叶肢介

东方叶肢介（Eosestheria sp.）属于节肢动物门甲壳亚门鳃足纲的小型节肢动物，生活在淡水或半咸水中。东方叶肢介具左右两瓣几丁质外壳，多呈斜卵形、半圆形、椭圆形等，长度平均为 20 毫米，最大可达 42 毫米。外壳呈浅琥珀色，半透明，有光泽。两壳大小及形状相似，壳顶位于壳的前方，背缘较直，以肌肉韧带相连。壳面有细而规则的生长线，相邻两条生长线之间有生长带，其数目不等，多达数十条，生长带上有瘤状、网状、线状、树枝状等微细壳饰，壳饰特点是叶肢介分类的重要依据之一。

4. 中生代晚期河南南阳盆地恐龙蛋化石群

1993 年，当全世界只发现 500 多枚恐龙蛋化石的时候，科学家在我国河南南阳盆地发现 7 个恐龙蛋埋藏地，其中仅在西峡县白垩纪地层中就发现了 5000 多枚恐龙蛋化石，当时预计尚未出土的恐龙蛋化石估计还有上万枚，此外还发现了大量恐龙骨骼化石。

为什么恐龙会到西峡产卵呢？这是由于恐龙需要在向阳与地势较高的地方产卵，而西峡地区恰恰符合这些条件。古代，西峡是一个盆地，湖泊沼泽很多，湖岸地势较高，阳光充足，适宜恐龙产卵。科学家在一些恐龙蛋化石里还发现了小恐龙骨架，是世界上最珍贵的化石之一。窃蛋龙、驰龙、伤齿龙等小型兽脚类恐龙的蛋的化石一般是长形的；马门溪龙、梁龙和雷龙等体格较大的恐龙的蛋的化石是圆形的；鸭嘴龙等鸟脚类恐龙的蛋的化石是椭圆形的。

长形恐龙蛋化石

恐龙蛋化石

三亚自然博物馆内收藏的恐龙蛋化石都是中生代恐龙留下来的宝贵化石。作为中生代动物界的霸主，恐龙统治着地球上海陆空的所有区域。恐龙是爬行动物，通过卵生方式繁衍后代，类似今天乌龟产蛋的习性和行为。在繁殖季节，恐龙会来到古代湖盆的岸上产卵。恐龙蛋会一窝一窝地出现，每窝十几枚到三十几枚不等。蛋的排列方式有所不同。有的恐龙先用泥沙堆出一个隆起的小土丘，然后把蛋产在四周，两两一对的恐龙蛋辐射状排列一圈；在第一层蛋上埋土，然后再产蛋，最后一窝有数十个蛋聚在一起。还有的恐龙先挖出蛋窝，然后把蛋产在窝内，蛋的排列没有规律，最后再扒些泥沙把蛋埋上。恐龙蛋化石以圆形为主，还有卵圆形、椭圆形、长椭圆形和橄榄形等多种形状。恐龙蛋化石大小不一，小似鸭蛋，直径大约10厘米；个体大的直径会超过50厘米。世界上在恐龙蛋化石中保存有小恐龙胚胎的标本极为罕见。馆内展出的恐龙蛋化石里可能保存有恐龙胚胎，为研究恐龙的生殖过程提供了宝贵材料。

不同形状的恐龙蛋化石

5. 新生代中新世山东山旺生物群

山旺生物群是生活在山东省临朐县中新世早期的山旺组时代的生物。号称"万卷书"的硅藻土地层里保存了各种精美的动植物化石，包括硅藻、孢粉、植物的根茎叶甚至花的化石；还有介形虫、昆虫、鱼类、爬行类、鸟类和哺乳类等动物的化石。重要的化石有玄武蛙、临朐蟾蜍、中新原螈、中新蛇、鲁钝吻鳄、山旺鸟、山旺蝙蝠、硅藻鼠、孔氏半熊、三角原古鹿、柄杯鹿、犀类等的化石。这个生物群是我国东部新生代生物群演化和环境变迁的重要研究对象。

柯氏柄杯鹿

柯氏柄杯鹿（*Lagomeryx colberti*）属于哺乳动物纲偶蹄目的鹿，发现于山旺生物群中，生活在距今约1800万年前的早中新世时期，是已经绝灭的鹿类。柯氏柄杯鹿体长约1.2米，头窄，四肢细长、尾巴较短，跑动迅速。雄性有角，鹿角随年龄的增长而长大。雌性无角。雌雄前后肢都保留有侧趾，表明这种鹿属于原始鹿类。柯氏柄杯鹿是草食性动物，分布在山地、草原、森林等地。

柯氏柄杯鹿化石

6. 水晶

三亚市境内的矿产资源有 29 种，其中金属矿产有 11 种、非金属矿产有 14 种，能开发利用的矿产有铁矿石、磷矿石、钛矿石、石灰石、石英砂、大理石、花岗石、水晶、金矿石等 10 种。

水晶属于宝石的一种，是稀有矿物，旧时也被称作水精、水碧、水玉、晶石，时下与冰彩玉髓、芙蓉石等归入彩色宝石范畴。纯净的水晶是无色透明石英结晶体，主要成分是二氧化硅（SiO_2）。水晶与普通砂子同属于二氧化硅，当二氧化硅结晶完美时就是宝石，结晶不完美时就是沙子。此外，二氧化硅胶化脱水后就是玛瑙；二氧化硅含水胶体凝固后就成为蛋白石；二氧化硅晶粒小于几微米时就构成玉髓、燧石、次生石英石，所有这些都是二氧化硅家族的成员。

👆 褐色发晶

👆 水晶晶簇

第 60 页

结晶完美的水晶晶体属于六方晶系，呈六棱柱状，柱体为一头尖或两头尖，多条长柱体连接在一块，通称水晶晶簇，精美而高雅。当水晶中含有砂状、碎片状的针铁矿、赤铁矿、金红石、石榴子石、电气石、云母、绿泥石等包裹体时被称为包裹体水晶，如发晶、绿幽灵、红兔毛等。发晶中含有类似头发状的针状矿物包裹体。

水晶呈透明至半透明，有无色、紫色、黄色、绿色及烟色等颜色。水晶的硬度为摩氏7，比重为2.22～2.65。贝壳状断口为主。紫水晶具有清楚的二色性，黄水晶和茶水晶具有弱的二色性。发光水晶具有强烈的磷光性。带绿色的沙金水晶在长、短波紫外线照射下发灰绿色荧光。具有猫眼、虹彩和沙金效应。水晶具有压电性。

水晶中混入其他物质就会呈现多种颜色。例如，含锰和铁的水晶成为紫水晶；含铁的水晶呈现金黄色或柠檬色，属于黄水晶；含锰和钛的水晶呈玫瑰色，称作蔷薇石英；烟色的水晶称为烟水晶；褐色的水晶称为茶晶；黑色透明的水晶称为墨晶；呈浅绿色的水晶称为石髓。

水晶怕碱不怕酸（氢氟酸除外）。这是由氧化硅的特性所决定的。当玛瑙受到加热、摩擦或受打击时，会散发一种特殊的气味，类似大蒜、萝卜、松香等气味，但是水晶绝无异味。水晶性寒无毒，药用可主治惊悸心热，具有安心明目等功效。水晶眼镜镜片的透明度高，清凉养目，利于眼睛保健。民间认为水晶能驱邪避凶，带来好运。

水晶的形成需要四个条件：有水晶生长的空间、有富含硅质矿物的热液、从低到高的温度和压力（160～400℃、2～3个大气压）、足够的生长时间。只要这些条件具备了，水晶就会遵循"三方晶系"的生长法则长成六方柱状的晶体了。水晶常以晶簇、晶洞形式产出。海南水晶矿众多，最著名的是屯昌羊角岭水晶矿，是我国的大型水晶矿区，所产水晶纯净莹润。

水晶晶簇

采集水晶矿坑

羊角岭水晶矿地质遗迹纪念碑

第六册 热带海滨与养生文化

第61页

研学小课题

1. 海百合是植物吗?

2. 三亚翼龙是一种爬行动物,它是胎生动物还是卵生动物?

3. 恐龙蛋的形状都一样吗?为什么会有区别?

研学小实践

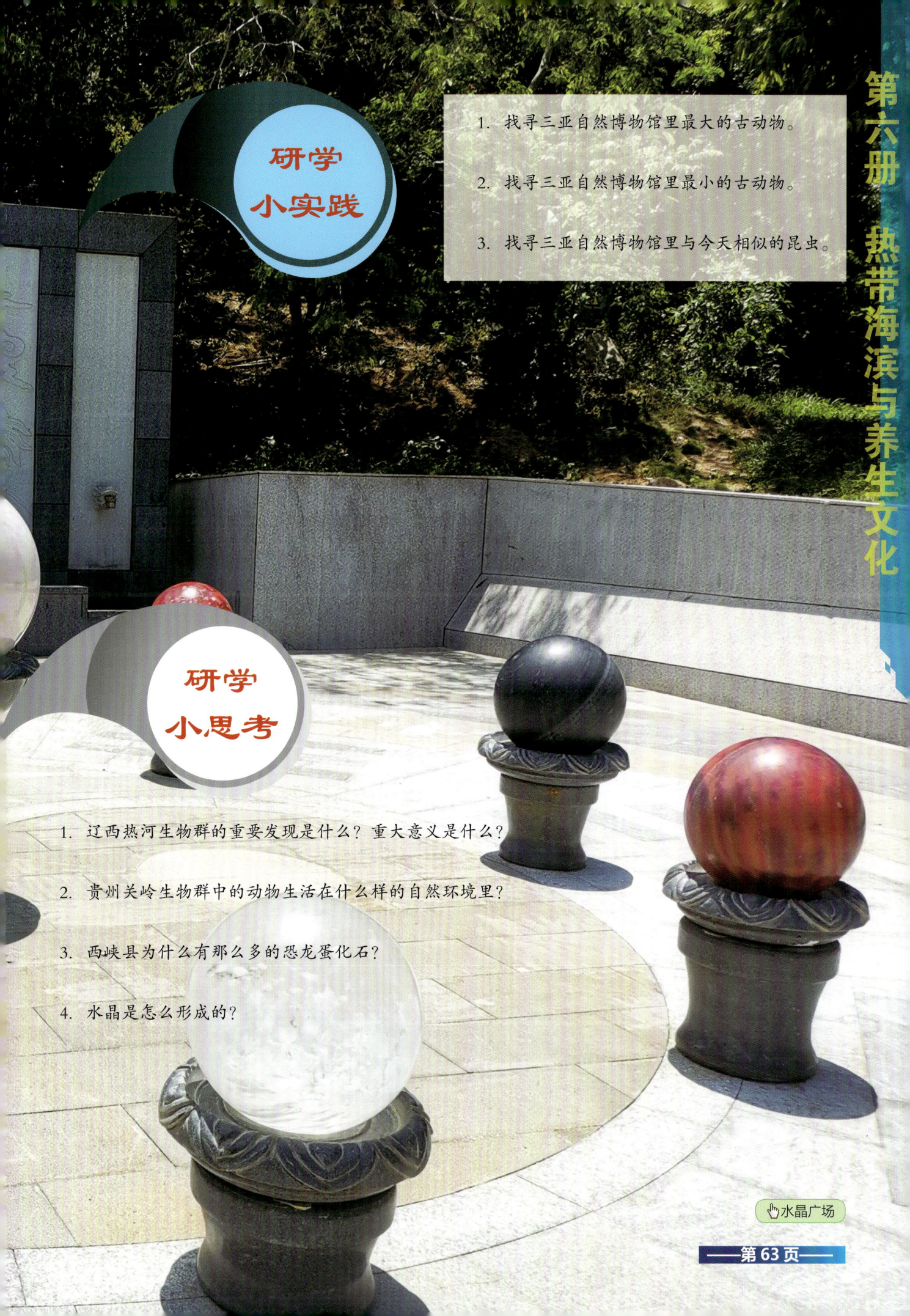

1. 找寻三亚自然博物馆里最大的古动物。
2. 找寻三亚自然博物馆里最小的古动物。
3. 找寻三亚自然博物馆里与今天相似的昆虫。

第六册 热带海滨与养生文化

研学小思考

1. 辽西热河生物群的重要发现是什么？重大意义是什么？
2. 贵州关岭生物群中的动物生活在什么样的自然环境里？
3. 西峡县为什么有那么多的恐龙蛋化石？
4. 水晶是怎么形成的？

水晶广场

第63页

水晶工艺品